PHILIPPE - EMMANUEL

COMTE DE LIGNIVILLE

RENSEIGNEMENTS BIBLIOGRAPHIQUES

PAR

M. Léon GERMAIN

NANCY

TYPOGRAPHIE DE G. CRÉPIN-LEBLOND

Passage du Casino.

—

Avril 1884

PHILIPPE - EMMANUEL

COMTE DE LIGNIVILLE

RENSEIGNEMENTS BIBLIOGRAPHIQUES

PAR

M. Léon GERMAIN

NANCY

TYPOGRAPHIE DE G. CRÉPIN-LEBLOND

Passage du Casino.

—

Avril 1884

PHILIPPE-EMMANUEL

COMTE DE LIGNIVILLE

RENSEIGNEMENTS BIBLIOGRAPHIQUES

Au cours d'un article publié récemment dans le *Journal de la Société d'Archéologie lorraine* (février 1884), sous le titre de *Pèlerinage de Philippe-Emmanuel de Ligniville à Notre-Dame de Benoîte-Vaux (Meuse)*, M. F. des Robert annonce l'intention d'écrire la vie du célèbre général lorrain. Nous espérons lui être utile en indiquant différentes sources bibliographiques à consulter.

Dans sa *Notice sur quelques anciens titres* (in-4, Paris, 1866), M. le comte de Delley de Blancmesnil s'est occupé de la maison de Ligniville, dans un long chapitre (*Appendice C*, p. 316-379) ; les éléments en ont, pour la plus grande partie, été empruntés à une histoire généalogique rédigée par le comte Alexandre de Ligniville, mais restée manuscrite. Après avoir mentionné Philippe-Emmanuel dans l'ordre de la filiation (p. 334-335), M. de Blancmesnil lui consacre plusieurs pages, et rappelle les deux publications antérieures dont il avait été l'objet (p. 343) :

« Deux éloges de ce maréchal général des camps et armées de Lorraine et du Palatinat, feld-maréchal lieutenant de celles de l'empereur Léopold, ont été publiés. L'histoire généalogique de la maison de Ligniville, souvent citée par nous, donne ces deux éloges *in extenso*. Le premier a paru dans *la France illustrée ou le Plutarque français*, par M. Turpin, in-4°, 4 vol. Paris, 1780, p. 593 du tome I, avec un portrait de Vangelisti, 1777. Cet écrit mérite le reproche que lui fait le comte Alexandre de Ligniville, d'être diffus et ampoulé. Le second éloge est dû à M. Emmanuel d'Huart, qui l'a rédigé d'après les manuscrits de M. Mangard, commissaire du Roi pour la recherche et la vérification des anciens monuments de droit et d'histoire, généalogiste de l'ordre de Saint-Hubert de Bar et de plusieurs autres chapitres. Ce second éloge, préférable à l'autre, surtout pour le style, a paru dans la *Revue d'Austrasie*, imprimée à Metz en 1842, 3ᵉ série, t. II, nᵒˢ 6, 7, 8, 9 et 10. Ces deux éloges pourraient servir pour une histoire de Philippe-Emmanuel. »

M. de Blancmesnil donne ensuite, de la page 346 à la page 359, d'importants extraits du second de ces ouvrages, directement relatifs au maréchal ; il y a joint des notes.

Le premier des *Eloges* que rappelle M. de Blancmesnil a été tiré à part dans le format in-12. La bibliothèque de la Société d'Archéologie lorraine possède un exemplaire de cet ouvrage, que nous croyons très rare. En voici l'indication :

Histoire ou éloge historique de Philippe-Emmanuel,

comte de Ligniville ; s. l. n. d., in-12, 94 pp., sign.
A 2 — H 2 ; h. 0 ^{m} 176, l. 0 ^{m} 113 ; justif. h. 0.124, l.
0.062 ; 29 lignes. (Une note manuscrite mentionne que
c'est un extrait du *Plutarque français* n° II, 1776.)

Bien que le style soit effectivement trop déclamatoire,
et que les dates manquent souvent, nous avons lu cet
ouvrage avec intérêt. Les faits historiques sont retra-
cés avec assez de précision. Il fait bien comprendre les
situations difficiles dans lesquelles le comte de Ligniville se trouva placé, ainsi que le patriotisme éclairé,
le sentiment du devoir, le rare désintéressement dont il
fit preuve dans plusieurs circonstances mémorables.

La notice de M. d'Huart, d'une rédaction plus mo-
derne, et fournie de nombreux documents, occupe une
soixantaine de pages dans la *Revue d'Austrasie* de
1842 ; elle fut aussi tirée à part. En voici le titre :

*Histoire de Philippe-Emmanuel, comte de Ligni-
ville, de Tumejus et du Saint-Empire, souverain des
ville et prévôté de Darney, lieutenant-général des
armées impériales, maréchal-général des camps et armées de Lorraine et Bavière, etc. Extrait des manuscrits d'Antoine Mangard, commissaire du roi pour la
recherche et la vérification des anciens monuments de
droit et d'histoire. (Archives du comte Auguste de
Gourcy.)*

On possède cinq portraits gravés du comte de Ligniville ; M. S. Lieutaud les fait connaître dans la notice
suivante :

« LIGNIVILLE (Philip.-Emm. comte de), gén. d'artil-
lerie des armées de Lorraine, fils de *Gaspard* et de *Phili-
berte-Angélique* de Houécourt, né le 7 juin 1611 au

château d'Houécourt, *Vosges*, mort à Vienne en Autriche le 26 oct. 1664.

> » 1. A Paris chez *Daret*, gravure, in-4°.
> » 2. J. *Frosne* sculpsit 1659, ovale, in-4°.
> » 3. Parisiis MDCLIX, gravure, in-4°, dirigé à g.
> » 4. Vin. *Vangelisty* fecit 1777, dans Turpin, t. I, in-4° (1).
> » 5. *Moncornet* excudit, gravure ovale, in-8°, dirigé à d. (2) »

Un grand nombre d'ouvrages, qui mentionnent incidemment le comte de Ligniville par rapport à divers événements de son existence, seraient à consulter pour l'étude de sa biographie complète. Nous rappellerons uniquement ceux dans lesquels nous savons qu'il est question du pèlerinage de Philippe-Emmanuel à Benoîte-Vaux, et plus particulièrement de la fameuse lettre signée *Simon*.

Précisément, l'un des prêtres affectés au service de la chapelle nous communique deux observations sur la notice récemment publiée. Il n'est pas exact, nous dit-il, que le comte de Ligniville fît son pieux voyage avant d'obtenir sa guérison : il ne l'entreprit qu'à la suite de cet événement et en accomplissement d'un vœu. D'après l'extrait que le P. Chevreux donne de l'ouvrage intitulé « *Notre-Dame de Benoîte-Vaux toujours bienfaisante à tous les peuples* », imprimé à Pont-à-Mousson, en 1659, il ne saurait y avoir doute à cet égard.

La seconde remarque concerne une erreur géogra-

(1) Cf. le *Catalogue* de M. Noël, n° 2497.

(2) Soliman Lieutaud, *Liste alphabétique* de portraits lorrains, 2e édit., 1862.

phique. Ce n'est point par *Juvigny-en-Perthois,* situé
au sud du département de la Meuse (canton d'Ancer-
ville, arrondissement de Bar-le-Duc), que, partant de
Stenay, passa le comte de Ligniville, mais bien *Juvi-
gny-sur-Loison,* ou *les-Dames* (canton de Montmédy),
situé à environ deux lieues au sud-est de Stenay. Le
pèlerin prit vraisemblablement cette direction, un peu
détournée, afin de se diriger sur Jametz, Damvillers et
Verdun.

—

Très récemment, dans son remarquable travail intitulé *Un rosaire lorrain au XVIIᵉ siècle* (*Mém. de la
Soc. d'Archéol. lorr.*, 1881, p. 162), M. J. Rouyer
rappelait, avec l'autorité qui lui appartient, la lettre de
Simon et l'introuvable médaille. Il s'exprimait en ces
termes :

« Les médailles de Notre-Dame de Benoîte-Vaux
qu'il a été donné aux archéologues lorrains de réunir
sont fort nombreuses et très variées; mais on n'a encore
retrouvé, que nous sachions, aucun exemplaire de celle
que l'on sait avoir été faite en 1651, sur laquelle était
gravé, au revers du type consacré de la statue, l'écu
au *losangé d'or et de sable,* de Philippe-Emmanuel,
comte de Ligniville, l'un des généraux les plus distin-
gués de Charles IV. Une lettre de l'époque, dans laquelle
il est question de cette médaille, a déjà été publiée au
moins trois fois, mais avec quelques variantes de texte
ou d'origine qui sont d'un fâcheux effet; la copie que
nous préférons, pour les garanties d'authenticité, est
celle qui a paru dans la *Semaine religieuse* de Nancy,
du 3 décembre 1876. »

Nous ne voulons pas, à propos de Philippe-Emmanuel

de Ligniville, dresser la bibliographie complète de Benoîte-Vaux, ni citer tous les ouvrages anciens dans lesquels on pourrait retrouver mention de sa guérison et de son pèlerinage. Le P. Chevreux a, sans doute, choisi le plus intéressant pour en donner des extraits.

L'auteur du *Plutarque français* ne dit point d'une façon précise que le rétablissement du comte fut un événement miraculeux ; il ne parle non plus du voyage à Benoîte-Vaux ; mais il mentionne la médaille. Voici ses expressions :

« A la nouvelle de sa blessure, la Lorraine, qui le révérait comme son libérateur, donna les témoignages de la plus vive affection : le coup était mortel et l'on désespéra long-tems de sa vie ; sa guérison fut lente et on l'attribua aux vœux du peuple qui remplissait les Temples pour l'obtenir. Sa convalescence fut célébrée par l'allégresse publique : tous les Officiers qui avaient servi sous ses ordres, flattés de le voir encore marcher à leur tête, luy payèrent un tribut bien précieux à son cœur ; ils firent battre une médaille qu'ils portèrent à leurs boutonnières, trophée élevé par l'amour, et plus flatteur pour une âme sensible, que des monumens d'orgueil, qui, érigés aux oppresseurs publics, n'immortalisent que les vices de l'idole, et la bassesse de ses adorateurs. »

Le premier, en 1842, M. d'Huart publia la fameuse lettre ; mais d'après une copie qui paraît défectueuse, car le texte diffère en quelques endroits, seulement pour la forme, de celui qui, plus récemment, a été publié. Il raconte ainsi la guérison (*Austrasie*, 1842, I, 361) :

« Ligniville fit des prodiges de valeur à la désastreuse bataille livrée sous les murs de cette forteresse (Rethel), et reçut, à travers le corps, un coup d'arquebuse que les chirurgiens déclarèrent mortel. Le blessé, aussi pieux que brave, se voua à Notre-Dame-de-Benoistevaux, et fut rendu à la vie sans l'intervention d'aucun secours humain. La guérison miraculeuse du héros est officiellement constatée dans son brevet de maréchal-général des camps et armées de Lorraine, et dans une lettre d'un secrétaire de Charles IV, écrite d'Epinal, à la date du 15 avril 1651. » (Suit le texte de la lettre.)

Dans son *Histoire des monastères de l'Etanche et de Benoîte-Vau*, publiée en 1853, M. Dumont parle aussi du comte de Ligniville (p. 171-174); il y fit imprimer la même lettre presque en entier, mais sans en indiquer la date, le signataire, ni la source : il l'attribue à un officier de cavalerie servant sous les ordres du comte.

Dix ans plus tard, le P. Chevreux, dans sa *Notre-Dame de Benoîte-Vaux* (Verdun, 1863, in-12, p. 264-268) publia de nouveau la lettre, d'après M. Dumont ; par une mauvaise interprétation du texte de ce dernier, il l'attribua au marquis de Bassompierre.

En 1866, dans une note de son grand ouvrage déjà mentionné (p. 347), M. de Blancmesnil rappelle la lettre de Simon, d'après le travail de M. d'Huart.

Enfin, dans la *Semaine religieuse* de Nancy, du 3 décembre 1876, M. de Gourcy donna, comme on l'a vu, une nouvelle édition de la même lettre, qu'il possédait à ce moment.

M. des Robert a bien voulu nous faire voir l'original de ce document ; l'écriture est bien de l'époque, et doit plutôt appartenir à un secrétaire qu'à un officier de cavalerie ; il serait toutefois bien nécessaire de déterminer exactement le signataire de cette lettre.

Afin d'ajouter à cette note quelques éléments nouveaux, nous publierons un court paragraphe relatif à la guérison du comte de Ligniville, tiré du manuscrit du P. Macaire Guinet, abbé de l'Etanche, d'où nous avons extrait le récit du pèlerinage de la ville de Nancy à Benoîte-Vaux, imprimé dans les *Mémoires* de la Société d'Archéologie lorraine de 1883 ; nous y joindrons deux lettres inédites.

Voici le texte du P. Guinet :

« GUÉRISON DE M^r. LE COMTE DE LIGNIVILLE, 1651.

» Sur la fin de cette année, nous eûmes encore de grandes allarmes. Les armées du Roi s'assemblèrent du côté de Rethel, pour le retirer des mains de Monsieur le Prince. L'armée de Monsieur de Turenne, pour les Princes, livra bataille et reçut le choc, étant mise en déroute ; ce fut aux environs de St Etienne en Champagne.

» Monsieur le comte de Ligniville de l'armée de Lorraine, dans laquelle il commandoit la cavalerie, fut blessé à mort, se fit mener sur une chairette à Satenay ; sa blessure étoit au petit ventre, d'où l'on retira la bourre et les balles fort heureusement et miraculeusement pour lui, après avoir fait un vœu à Dieu en l'honneur de Notre Dame de Benoîtevaux, où par après il fit rendre actions de grâce et y donna un cœur d'argent par reconnaissance. Ses médecins donnèrent attestation de cette guérison miraculeuse, à laquelle souscrivit un médecin huguenot, qui avoit été appelé de Sedan pour traiter le malade. Monsieur Floncel, docteur en théologie et très digne curé de Satenay, en dressa l'acte et le signa comme témoin du fait. »

Dans les dossiers biographiques récemment donnés à la bibliothèque de la Société d'Archéologie lorraine par MM. Sidot (v. *Journal*, août 1883), existent deux lettres autographes du comte de Ligniville ; elles nous paraissent assez importantes pour mériter la publication. Il serait facile d'ajouter d'intéressants commentaires, mais nous préférons en laisser le soin à ceux qui s'occupent spécialement de la Lorraine au xviie siècle, et de Philippe-Emmanuel de Ligniville.

Voici ces deux lettres ; la première porte le nom du baron de Hennequin, l'intendant du duc Nicolas-François ; elle est datée du camp de Bouchain, le 28 juil'et 1655 ; la seconde, d'écriture beaucoup plus soignée, paraît être une missive officieuse adressée à des officiers du bailliage de Nancy à l'occasion de la malheureuse suppression des anciennes juridictions lorraines, décrétée par l'imprudent Charles IV, après le traité de Vincennes, en 1661.

I

Monsieur,

Vous verrez s'il vous plait par les lettres de Monsieur le Comte de Gallian et le memoire cy-joint, comme quoy les villages de Ligniuille et Vitel sont chargez auec vn excés qui les va ruiner absolument, quoy que d'autres ayent obtenu exemption toute entiere de contributions. Il me semble que nous sommes en droit de pretendre la mesme faueur : Je me donnay l'honneur d'en parler à S A jl a quelque temps à Vallenciennes, et je croy que si vous m'obligez de lui rafraichir le souuenir de la bonté auec laquelle elle me repondit là dessus, appuyant de vre part, j'obtiendray du moins la franchise pour deux ans. J'ay trop de confiance en l'affection que vous m'avez promise pour n'en pas esperer cette preuue. J'informay hier S. A. de l'accusation que M\. Yeger a faite contre le S\ Du Hou qui a esté son Lieutenant Colonel, et qu'en suite je luy auois donné les arrets. Comme il est juste de le punir, s'il a commis quelque crime ; il est aussi nécessaire de s'eclaircir au plustost de la verité du fait. Jl y a eu entre eux quelque demeslé qui pourroit bien estre la source de cette accusation. Je n'en scay pourtant rien au vray. Si on les accommodoit, on en pourroit mieux juger par aprés. Et je crois que c'est ce qu'il faut faire. Je vous en donne l'aduis : vous en parlerez s'il vous plait à S. A. comme vous trouuerez à propos. Je suis pour toûjours et passionnément,

Monsieur,

Votre treshumble

Du Camp de Bouchain le 28ᵉ serviteur

de juillet 1655. *Signé:* P E d Ligniuille (1).

M. Le Baron de Hennequin.

Ce qui précède est écrit aux rectos des deux feuillets de la lettre ; au verso du premier, et dans le sens de la hauteur, on lit :

M\. Le Colonel Traxdorf me donne aduis qu'il a deux officiers Déserteurs Prisonniers, et bien qu'il soit tresjuste d'exercer sur eux le droit de represailles et vanger la mort de deffunt La Tour que Dieu absolue, si est ce neantmoins que le S\ Got qui est icy Sergent

(1) Les initiales « P E » sont entrelacées, ainsi que les lettres « d L ».

Major de Monsieur le Baron d'Allamont demandant la
grace de son frere qui est l'vn de ces prisonniers, sil
plait à S A. de la luy accorder, je me conformeray à ce
quElle en ordonnera, la suppliant pourtant qu'il soit
retenu dans vne étroite prison pour purger en quelque
façon son crime et seruir d'exemple, vue mesme que son
frere ne sy oppose pas.

Signé : P E d L

A l'instant vne partie retourne de prendre langue des
Ennemis qui nous asseure qu'ils font demain reueuë (1)
et doiuent toucher vne montre proche de Guyse, pour de
là marcher vers Bruxelles ou en Flandres, Le Roy de
France et la Reine et le Cardinal Mazarin sont entre à
Guyse.

Sur le verso du second feuillet, est écrit, en 7 lignes :

Voici les lettres que lon || a oublié d'enfermer dans ||
uostre pacquet || Messrs le Baron du Chastellet || et
con^{er} de Bois ont veus S A. || qui en receu beaucoup
de || satisfaction et de consolation.

II

A Paris le 6me sept͞bre 1662

Messieurs,

Je vous suis trop obligé de me faire part des choses
qui concernent vos Interestz, pour lesquels en general
et en particulier Ie m'employeray touiours auec Incli-
nation et chaleur ; cependant Je vous enuoye comme

(1) Revue.

vous aués souhaitté vne Procuration pour maintenir
L'ancien Establissement de n̄re Bailliage de Nancy contre
ces Mrs de Luneujlle (1) et du district du Chastellet qui s'en
veüjllent soustraire, Jl est vrai que S. A. a esté poussé
a faire ces nouueautés auec d'autres qz vous sçaués par
le mouuement et Instigation d'vn certain Rousselange
mais Je ne doute pas qu'il ne remette les choses dans
L'ancienneté dont Je Le supplieray tres-humblem̄t, et
nous deuons attendre cela de ses bontés et de ses gra-
ces, c̄oe. des effets de sa Iustice, par les remonstrances
que vous ne manqueray *(sic)* de luy faire en cette rencon-
tre, Ce que Je souhajtte autant pour v̄re. satisfaction que
pour la mienne qui sera touiours de vous faire connoître
que je suis

Messieurs,   Vostre tres-humble Seruiteur.

Signé: P E d Ligniuille.

(1) Lunéville.

DU MÊME AUTEUR :

Jean de Bourgogne et Pierre de Genève, comtes de Vaudémont (1368-1392) ; Nancy, 1879, in-8°.

Ferry Ier de Lorraine, comte de Vaudémont (1393-1415) ; Nancy, 1881, in-8°.

Recherches historiques sur Cons-la-Grandville. — Jean Ier de Termes, sire de Cons (1247-1258) ; Nancy, 1880, in-8°.

Le titulaire de l'église de Cons-la-Grandville et le patron de la paroisse ; Nancy, 1882, in-8°.

Monnaie inédite de Jean l'Aveugle... ; Luxembourg, 1881, in-8°.

Notes historiques sur la Maison de Lorraine ; Nancy, 1882, in-8°.

Notice sur le tombeau de Warin de Gondrecourt.., à Saint-Mihiel ; Nancy, 1882, in-8°.

Les tombeaux de l'église de Lenoncourt ; Nancy, 1882, in-8°.

Etude historique sur la croix d'affranchissement de Frouard (XIIIe siècle) ; Nancy, 1882, in-8°.

La porte Saint-Georges à Nancy ; Tours (extr. du *Bulletin monumental*), 1883, in-8°.

Le camée antique de la Bibliothèque de Nancy ; Tours (extr. du même *Bulletin*), 1883, in-8°.

Sceau du cardinal de Bar ; Nancy, 1883, in-8°.

Recherches généalogiques sur la famille de Pillart de Naives ; Nancy, 1883, in-8°.

L'enseigne de la compagnie d'ordonnance de Claude de Lorraine, J. de Guise ; Nancy, 1884, in-8°.

Monuments funéraires de l'église Saint-Etienne à Saint-Mihiel ; Bar-le-Duc (sous presse).

Etc.

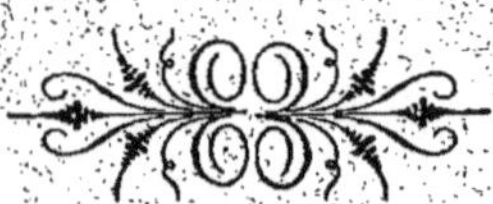